D1666556

NGÜ

Das Wunder der Heiligen Nacht!

Ausgewählte Texte aus der Neuen Genfer Übersetzung

**NEUE GENFER
ÜBERSETZUNG**

Der König, ein von Gott erwählter Herrscher

Weshalb geraten die Nationen in Aufruhr? Warum schmieden die Völker Pläne, die doch zum Scheitern verurteilt sind? Die Könige dieser Welt stehen zum Angriff bereit und die Machthaber verbünden sich miteinander zum Kampf gegen den Herrn und gegen den König, den er gesalbt hat. „Wir befreien uns endlich von ihren Fesseln", sagen sie, „wir zerbrechen die Ketten der Abhängigkeit!" Doch der im Himmel thront, lacht, der Herr spottet über sie. Dann aber herrscht er sie an im Zorn, ja, sein glühender Zorn versetzt sie in Schrecken. Er spricht: „Ich selbst habe meinen König eingesetzt hier auf dem Zion, meinem heiligen Berg!" Dann spricht der König: „Ich gebe den Beschluss des Herrn bekannt, er hat zu mir gesagt: ,Du bist mein Sohn; heute habe ich dich gezeugt.

Nenne mir deine Forderung, ich will sie erfüllen! Ich gebe dir alle Nationen zum Erbe, die Erde bis a ihr äußerstes Ende soll dein Besitz sein! Zerschmettere die Völker mit eisernem Herrscherstab! Zerschlag ihren Widerstand, wie man ein To gefäß zerschlägt!' Und nun komm zur Einsicht, ihr Könige der Welt, lasst euch belehren, ihr Richter au Erden! Unterwerft euch dem Herrn mit Furcht und Zittern und jubelt ihm zu! Gehorcht mit Ehrerbietun dem Sohn, damit er nicht zornig wird und ihr auf eurem falschen Weg umkommt - denn sein Zorn wird plötzlich zu Feuer, das euch verzehrt!"

Glücklich zu preisen sind alle, die Schutz bei ihm suchen.

Psalm

Wer darf vor dem König der Herrlichkeit erscheinen?

Die Erde gehört dem Herrn mit all ihrer Fülle, der ganze Erdkreis samt seinen Bewohnern. Denn er selbst hat das Fundament der Erde über den Meeren befestigt, ja, über den Wassern gab er ihr festen Bestand.

Wer darf zum Berg des Herrn hinaufgehen, und wer darf an seiner heiligen Stätte vor ihm stehen?

Jeder, der unschuldige Hände und ein reines Herz hat, der keine Götzen anbetet und keinen Meineid schwört. Er wird Segen empfangen vom Herrn; Gott, sein Retter, wird ihm in Treue begegnen.

Daran erkennt man Gottes wahres Volk, Menschen, die nach ihm fragen. Es sind die, Herr, die deine Nähe suchen und vor dein Angesicht treten. Sie sind die rechten Nachkommen Jakobs.

Tut euch weit auf, ihr mächtigen Tore, gebt den Weg frei, ihr uralten Pforten, damit der König der Herrlichkeit einziehen kann.

Wer ist dieser König der Herrlichkeit? Es ist der Herr, stark und mächtig, der Herr, mächtig im Kampf.

Tut euch weit auf, ihr mächtigen Tore, gebt den Weg frei, ihr uralten Pforten, damit der König der Herrlichkeit einziehen kann.

Wer ist dieser König der Herrlichkeit? Der allmächtige Herr, er ist d[er] König der Herrlichkeit.

Psalm

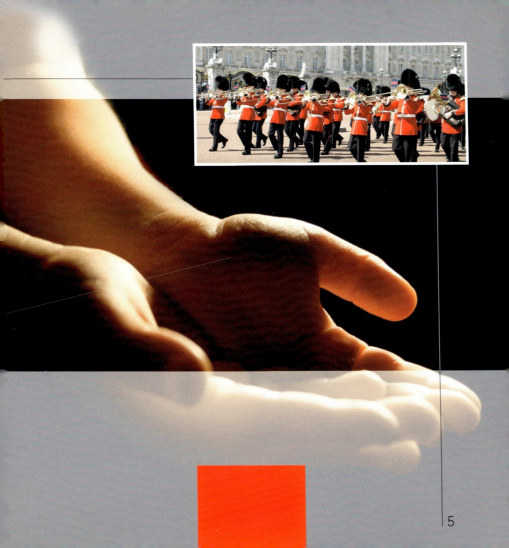

Johannes' Ankündigung

In der Zeit, als Herodes König von Judäa war, lebte dort Zacharias, ein Priester, der zur Abteilung des Abija gehörte. Seine Frau stammte wie er aus dem Geschlecht Aarons; sie hieß Elisabeth. Beide lebten so, wie es Gott gefiel, und hielten sich in allem genau an die Gebote und Weisungen des Herrn. Sie hatten keine Kinder, denn Elisabeth war unfruchtbar, und jetzt waren sie beide alt.

Einmal, als Zacharias vor Gott seinen Dienst als Priester versah, weil seine Abteilung damit an der Reihe war, wurde er nach der für das Priesteramt geltenden Ordnung durch das Los dazu bestimmt, in den Tempel des Herrn zu gehen und das Rauchopfer darzubringen. Während der Zeit in der das Rauchopfer dargebracht wurde, stand die ganze Volksmenge draußen und betete.

Da erschien dem Zacharias ein Engel des Herrn; er sah ihn auf der rechten Seite des Rauchopferaltars stehen. Zacharias erschrak und wurde von Furcht gepackt. Doch d Engel sagte zu ihm: „Du brauchst dich nicht zu fürchten, Zacharias! Dein Gebet ist erhört worden. Deir Frau Elisabeth wird dir einen Sohn schenken; dem sollst du den Name Johannes geben. Du wirst voller Freude und Jubel sein, und auch viele andere werden sich über sein Geburt freuen. Denn er wird groß sein in den Augen des Herrn. Er wird keinen Wein und keine star- ken Getränke zu sich nehmen, und schon im Mutterleib wird er mit dem Heiligen Geist erfüllt sein. Vie Israeliten wird er zum Herrn, ihrem Gott, zurückführen. Erfüllt mit dem Geist und der Kraft des Elia, wird er vor dem Herrn hergehen. Durch ihn werden sich die Herzen der Väter den Kindern zuwenden, und die Ungehorsamen werden ihre

Zacharias' Zweifel

Gesinnung ändern und sich nach denen richten, die so leben, wie es Gott gefällt. So wird er dem Herrn ein Volk zuführen, das für ihn bereit ist."

Zacharias sagte zu dem Engel: „Woran soll ich erkennen, dass das alles geschehen wird? Ich bin doch ein alter Mann, und meine Frau ist auch nicht mehr jung." Der Engel erwiderte: „Ich bin Gabriel; ich stehe vor Gott und bin von ihm gesandt, um mit dir zu reden und dir diese gute Nachricht zu bringen. Doch nun höre: Du wirst stumm sein und nicht mehr reden können bis zu dem Tag, an dem diese Dinge eintreffen, denn du hast meinen Worten nicht geglaubt. Sie werden aber in Erfüllung gehen, wenn die Zeit dafür gekommen ist."
Draußen wartete das Volk auf Zacharias, und alle wunderten sich, dass er so lange im Tempel blieb.

Als er endlich herauskam, konnte er nicht mit ihnen sprechen. Da merkten sie, dass er im Tempel eine Erscheinung gehabt hatte. Er machte sich ihnen durch Zeichen verständlich, blieb aber stumm.

Als sein Priesterdienst zu Ende war kehrte Zacharias nach Hause zurück. Bald darauf wurde seine Frau Elisabeth schwanger. Die ersten fünf Monate verbrachte sie in völliger Zurückgezogenheit. Sie sagte: „Der Herr hat Großes an mir getan! Die Menschen verachteten mich, aber er hat mich gnädig angesehen und hat meine Schande von mir genommen."

Lukas 1,5-25

Ankündigung der Geburt Jesu

Als Elisabeth im sechsten Monat schwanger war, sandte Gott den Engel Gabriel zu einer unverheirateten jungen Frau, die in Nazaret, einer Stadt in Galiläa, wohnte. Sie hieß Maria und war mit Josef, einem Mann aus dem Haus Davids, verlobt.

„Sei gegrüßt, dir ist eine hohe Gnade zuteil geworden!", sagte Gabriel zu ihr, als er hereinkam. „Der Herr ist mit dir." Maria erschrak zutiefst, als sie so angesprochen wurde, und fragte sich, was dieser Gruß zu bedeuten habe. Da sagte der Engel zu ihr: „Du brauchst dich nicht zu fürchten, Maria, denn du hast Gnade bei Gott gefunden. Du wirst schwanger werden und einen Sohn zur Welt bringen; dem sollst du den Namen Jesus geben. Er wird groß sein und wird ‚Sohn des Höchsten' genannt werden. Gott, der Herr, wird ihm den Thron seines Stammvaters David geben. Er wird für immer über die Nachkommen Jakobs herrschen, und seine Herrschaft wird niemals aufhören."

„Wie soll das zugehen?", fragte Maria den Engel. „Ich bin doch noch gar nicht verheiratet." Er gab ihr zur Antwort: „Der Heilige Geist wird über dich kommen, und die Kraft des Höchsten wird dich überschatten. Deshalb wird auch das Kind, das du zur Welt bringst, heilig sein und Gottes Sohn genannt werden. Und er fügte hinzu: „Auch Elisabeth, deine Verwandte, ist schwanger und wird noch in ihrem Alter einen Sohn bekommen. Von ihr hieß es, sie sei unfruchtbar, und jetzt ist sie im sechsten Monat. Denn für Gott ist nichts unmöglich."

Da sagte Maria: „Ich bin die Dienerin des Herrn. Was du gesagt hast, soll mit mir geschehen." Hierauf verließ sie der Engel.

Lukas 1,26-

Marias Besuch bei Elisabeth

Nicht lange danach machte sich Maria auf den Weg ins Bergland von Juda. So schnell sie konnte, ging sie in die Stadt, in der Zacharias wohnte. Sie betrat sein Haus und begrüßte Elisabeth. Als Elisabeth den Gruß Marias hörte, hüpfte das Kind in ihrem Leib. Da wurde Elisabeth mit dem Heiligen Geist erfüllt und rief laut:

„Du bist die gesegnetste aller Frauen, und gesegnet ist das Kind in deinem Leib! Doch wer bin ich, dass die Mutter meines Herrn zu mir kommt? In dem Augenblick, als ich deinen Gruß hörte, hüpfte das Kind vor Freude in meinem Leib. Glücklich bist du zu preisen, weil du geglaubt hast; denn was der Herr dir sagen ließ, wird sich erfüllen."

Lukas 1,39-45

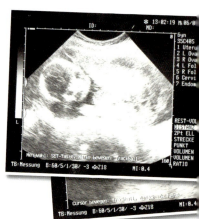

Maria preist den Herrn

Da sagte Maria: „Von ganzem Herzen preise ich den Herrn, und mein Geist jubelt vor Freude über Gott, meinen Retter. Denn er hat mich, seine Dienerin, gnädig angesehen, eine geringe und unbedeutende Frau. Ja, man wird mich glücklich preisen - jetzt und in allen kommenden Generationen. Er, der Mächtige, hat Großes an mir getan. Sein Name ist heilig, und von Generation zu Generation gilt sein Erbarmen denen, die sich ihm unterstellen. Mit starkem Arm hat er seine Macht bewiesen; er hat die in alle Winde zerstreut, deren Gesinnung stolz und hochmütig is Er hat die Mächtigen vom Thron gestürzt und die Geringen emporgehoben. Den Hungrigen hat er di Hände mit Gutem gefüllt, und die Reichen hat er mit leeren Händen fortgeschickt. Er hat sich seines Dieners, des Volkes Israel, angenon men, weil er sich an das erinnerte, was er unseren Vorfahren zugesag hatte: dass er nie aufhören werde, Abraham und seinen Nachkomme Erbarmen zu erweisen."

Maria blieb etwa drei Monate bei Elisabeth und kehrte dann nach Hause zurück.

Lukas 1,46-

Die Geburt Johannes' des Täufers

Für Elisabeth war die Zeit der Entbindung gekommen, und sie brachte einen Sohn zur Welt. Ihre Nachbarn und Verwandten hörten, dass der Herr Erbarmen mit ihr gehabt und ihr auf so wunderbare Weise geholfen hatte, und freuten sich mit ihr. Als das Kind acht Tage alt war, kamen sie zu seiner Beschneidung zusammen. Sie wollten ihm den Namen seines Vaters Zacharias geben. Doch die Mutter des Kindes widersprach. „Nein", sagte sie, „er soll Johannes heißen." - „Aber es gibt doch in deiner Verwandtschaft keinen, der so heißt!", wandten die anderen ein. Sie fragten deshalb den Vater durch Zeichen, wie er das Kind nennen wollte. Zacharias ließ sich ein Schreibtäfelchen geben und schrieb darauf:

„Sein Name ist Johannes."

Während sich alle noch darüber wunderten, konnte Zacharias mit einem Mal wieder reden. Seine Zunge war gelöst, und er pries Gott. Furcht und Staunen ergriff alle, die in jener Gegend wohnten, und im ganzen Bergland von Judäa sprach sich herum, was geschehen war. Alle, die davon hörten, wurden nachdenklich und fragten sich: „Was wird wohl aus diesem Kind einmal werden?" Denn es war offensichtlich, dass die Hand des Herrn mit ihm war.

Lukas 1,57–

Zacharias
Johannes

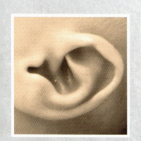

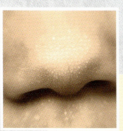

17

Zacharias preist den Herrn

Zacharias, der Vater des Neugeborenen, wurde mit dem Heiligen Geist erfüllt und begann, prophetisch zu reden. Er sagte:

„Gepriesen sei der Herr, der Gott Israels! Er hat sich seines Volkes angenommen und hat ihm Erlösung gebracht. Aus dem Haus seines Dieners David hat er für uns einen starken Retter hervorgehen lassen, wie er es schon vor langer Zeit durch das Wort seiner heiligen Propheten angekündigt hatte - einen, der uns aus der Gewalt unserer Feinde rettet und uns aus den Händen all derer befreit, die uns hassen. So erbarmt sich Gott seines Volkes und hilft uns, wie er es unseren Vorfahren zugesagt hat. Er vergisst seinen heiligen Bund nicht; er denkt an den Eid, den er unserem Stammvater Abraham geschworen hat: dass er uns aus den Händen unserer Feinde befreien wird und dass wir ihm unser ganzes Leben lang ohne Furcht in Heiligkeit und Gerechtigkeit in seiner Gegenwart dienen werden. Und du, Kind, wirst ‚Prophet des Höchsten' genannt werden. Denn du wirst vor dem Her[r] hergehen und ihm den Weg bereite[n] Du wirst sein Volk zu der Erkenntni[s] führen, dass es durch die Vergebung seiner Sünden gerettet wird; denn unser Gott ist voller Erbarmen Darum wird auch der helle Morgenglanz aus der Höhe zu uns kommen um denen Licht zu bringen, die in d[er] Finsternis und im Schatten des Tode[s] leben, und um unsere Schritte auf den Weg des Friedens zu lenken."

Johannes wuchs heran und wurde stark im Geist. Er lebte in der Wüste bis zu dem Tag, an dem er öffentlic[h] in Israel auftrat.

Lukas 1,67-80

Die Geburt Jesu

In jener Zeit erließ Kaiser Augustus den Befehl an alle Bewohner seines Weltreichs, sich in Steuerlisten eintragen zu lassen. Es war das erste Mal, dass solch eine Erhebung durchgeführt wurde; damals war Quirinius Gouverneur von Syrien. So ging jeder in die Stadt, aus der er stammte, um sich dort eintragen zu lassen.

Auch Josef machte sich auf den Weg. Er gehörte zum Haus und zur Nachkommenschaft Davids und begab sich deshalb von seinem Wohnort Nazaret in Galiläa hinauf nach Betlehem in Judäa, der Stadt Davids, um sich dort zusammen mit Maria, seiner Verlobten, eintragen zu lassen. Maria war schwanger. Während sie nun in Betlehem waren, kam für Maria die Zeit der Entbindung. Sie brachte ihr erstes Kind, einen Sohn, zur Welt, wickelte ihn in Windeln und legte ihn in eine Futterkrippe; denn sie hatten keinen Platz in der Unterkunft bekommen.

Engel und Hirten verkünden die Geburt des Messias

In der Umgebung von Betlehem waren Hirten, die mit ihrer Herde draußen auf dem Feld lebten. Als sie in jener Nacht bei ihren Tieren Wach hielten, stand auf einmal ein Engel des Herrn vor ihnen, und die Herrlichkeit des Herrn umgab sie mit ihrem Glanz. Sie erschraken sehr, aber der Engel sagte zu ihnen: „Ihr braucht euch nicht zu fürchten! Ich bringe euch eine gute Nachricht, über die im ganzen Volk große Freude sein wird. Heute ist euch in der Stadt Davids ein Retter geboren worden; es ist de Messias, der Herr. An folgendem Zeichen werdet ihr das Kind erkennen: Es ist in Windeln gewickelt und liegt in einer Futterkrippe."

Lukas 2,1-

Ehre sei Gott in der Höhe

Mit einem Mal waren bei dem Engel große Scharen des himmlischen Heeres; sie priesen Gott und riefen:

"Ehre und Herrlichkeit Gott in der Höhe, und Frieden auf der Erde für die Menschen, auf denen sein Wohlgefallen ruht."

Daraufhin kehrten die Engel in den Himmel zurück. Da sagten die Hirten zueinander: "Kommt, wir gehen nach Betlehem! Wir wollen sehen, was dort geschehen ist und was der Herr uns verkünden ließ." Sie machten sich auf den Weg, so schnell sie konnten, und fanden Maria und Josef und bei ihnen das Kind, das in der Futterkrippe lag. Nachdem sie es gesehen hatten, erzählten sie überall, was ihnen über dieses Kind gesagt worden war. Und alle, mit denen die Hirten sprachen, staunten über das, was ihnen da berichtet wurde. Maria aber prägte sich alle diese Dinge ein und dachte immer wieder darüber nach. Die Hirten kehrten zu ihrer Herde zurück. S rühmten und priesen Gott für alles, was sie gehört und gesehen hatten; war alles so gewesen, wie der Engel es ihnen gesagt hatte.

Beschneidung und Namengebung

Acht Tage später, als die Zeit gekommen war, das Kind zu beschneiden, gab man ihm den Namen Jesus - de Namen, den der Engel genannt hatte noch bevor Maria das Kind empfing.

Lukas 2,13–

Jesus wird im Tempel Gott geweiht

Als dann die im Gesetz des Mose festgelegte Zeit der Reinigung vorüber war, brachten Josef und Maria das Kind nach Jerusalem, um es dem Herrn zu weihen und so nach dem Gesetz des Herrn zu handeln, in dem es heißt: „Jede männliche Erstgeburt soll als heilig für den Herrn gelten." Außerdem brachten sie das Reinigungsopfer dar, für das das Gesetz des Herrn ein Turteltaubenpaar oder zwei junge Tauben vorschrieb.

Die Begegnung mit Simeon

Damals lebte in Jerusalem ein Mann namens Simeon; er war rechtschaffen, richtete sich nach Gottes Willen und wartete auf die Hilfe für Israel. Der Heilige Geist ruhte auf ihm, und durch den Heiligen Geist war ihm auch gezeigt worden, dass er nicht sterben werde, bevor er den vom Herrn gesandten Messias gesehen habe. Vom Geist geleitet, war er an jenem Tag in den Tempel gekommen. Als nun Jesu Eltern das Kind hereinbrachten, um mit ihm zu tun, was nach dem Gesetz üblich war, nahm Simeon das Kind in seine Arme, pries Gott und sagte: „Herr, nun kann dein Diener in Frieden sterben, denn du hast deine Zusage erfüllt. Mit eigenen Augen habe ich das Heil gesehen, das du für alle Völker bereitet hast - ein Licht, das die Nationen erleuchtet, und der Ruhm deines Volkes Israel."

Lukas 2,21-

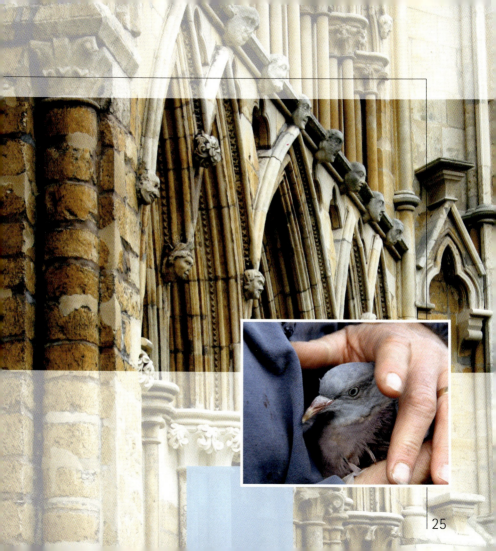

Er wird ein Zeichen sein

Jesu Vater und Mutter waren erstaunt, als sie Simeon so über ihr Kind reden hörten. Simeon segnete sie und sagte zu Maria, der Mutter Jesu: „Er ist dazu bestimmt, dass viele in Israel an ihm zu Fall kommen und viele durch ihn aufgerichtet werden. Er wird ein Zeichen sein, dem widersprochen wird - so sehr, dass auch dir ein Schwert durch die Seele dringen wird. Aber dadurch wird bei vielen an den Tag kommen, was für Gedanken in ihren Herzen sind."

Die Prophetin Hanna

In Jerusalem lebte damals auch eine Prophetin namens Hanna, eine Tochter Penuels aus dem Stamm Ascher. Sie war schon sehr alt. Nach siebenjähriger Ehe war ihr Mann gestorben; sie war Witwe geblieben und war nun vierundachtzig Jahre alt. Sie verbrachte ihre ganze Zeit im Tempel und diente Gott Tag und Nacht mit Fasten und Beten. Auch sie trat jetzt zu Josef und Maria. Voller Dank pries sie Gott, und zu allen, die auf die Erlösung Jerusalems warteten, sprach sie über dieses Kind.

Rückkehr nach Nazaret.
Jesu Kindheit

Als Josef und Maria alles getan hatten, was das Gesetz des Herrn verlangte, kehrten sie nach Galiläa in ihre Heimatstadt Nazaret zurück. Jesus wuchs heran; er war ein kräftiges Kind, erfüllt mit Weisheit, und Gottes Gnade ruhte auf ihm.

Lukas 2,33-

Der Besuch der Sterndeuter

Jesus wurde zur Zeit des Königs Herodes in Betlehem, einer Stadt in Judäa, geboren. Bald darauf kamen Sterndeuter aus einem Land im Osten nach Jerusalem. „Wo ist der König der Juden, der kürzlich geboren wurde?", fragten sie. „Wir haben seinen Stern aufgehen sehen und sind gekommen, um ihm Ehre zu erweisen."

Als König Herodes das hörte, erschrak er und mit ihm ganz Jerusalem. Er rief alle führenden Priester und alle Schriftgelehrten des jüdischen Volkes zusammen und erkundigte sich bei ihnen, wo der Messias geboren werden sollte. „In Betlehem in Judäa", antworteten sie, „denn so ist es in der Schrift durch den Propheten vorausgesagt: ‚Und du, Betlehem im Land Juda, du bist keineswegs die unbedeutendste unter den Städten Judas; denn aus dir wird ein Fürst hervorgehen, der mein Volk Israel führen wird wie ein Hirte seine Herde.' " Da rief Herodes die Sterndeuter heimlich zu sich und ließ sich von ihnen den genauen Zeitpunkt angeben, an dem der Stern zum ersten Mal erschienen war. Daraufhin schickte er sie nach Betlehem. „Geht und erkundigt euch genau nach dem Kind", sagte er, „und gebt mir Bescheid, sobald ihr es gefunden habt. Dann kann auch ich hingehen und ihm Ehre erweisen."

Mit diesen Anweisungen des König machten sie sich auf den Weg. Und der Stern, den sie hatten aufgehen sehen, zog vor ihnen her, bis er schließlich über dem Ort stehen blieb, wo das Kind war. Als sie den Stern sahen, waren sie überglücklich. Sie gingen in das Haus und fanden dort das Kind und seine Mutter Maria. Da warfen sie sich vor ihm nieder und erwiesen ihm Ehre. Dann holten sie die Schätze hervor, die sie mitgebracht hatten,

...nd gaben sie ihm: Gold, Weih-
...uch und Myrrhe. In einem Traum
...hielten sie daraufhin die Weisung,
...cht zu Herodes zurückzukehren.
...eshalb reisten sie auf einem
...nderen Weg wieder in ihr Land.

...atthäus 2,1-12

Die Flucht nach Ägypten

Als die Sterndeuter abgereist waren, erschien Josef im Traum ein Engel des Herrn und sagte: „Steh auf, nimm das Kind und seine Mutter und flieh nach Ägypten! Bleib dort, bis ich dir neue Anweisungen gebe. Denn Herodes wird das Kind suchen lassen, weil er es umbringen will." Da stand Josef mitten in der Nacht auf und machte sich mit dem Kind und dessen Mutter auf den Weg nach Ägypten. Dort blieb er bis zum Tod des Herodes. So erfüllte sich, was der Herr durch den Propheten vorausgesagt hatte: „Aus Ägypten habe ich meinen Sohn gerufen."

Der Kindermord von Betlehem

Als Herodes merkte, dass die Sterndeuter ihn getäuscht hatten, war er außer sich vor Zorn. Er schickte seine Leute nach Betlehem und ließ in den Familien der Stadt und der ganzen Umgebung alle Söhne im Alter von zwei Jahren und darunter töten. Das entsprach dem Zeitpunkt, den er von den Sterndeutern in Erfahrung gebracht hatte. Damals erfüllte sich, was durch den Propheten Jeremia vorausgesagt worden war: „Ein Geschrei ist in Rama zu hören, lautes Weinen und Klagen: Rahel weint um ihre Kinder und will sich nicht trösten lassen, denn sie sind nicht mehr da."

Die Rückkehr aus Ägypten

Als Herodes gestorben war, hatte Josef in Ägypten einen Traum; darin erschien ihm ein Engel des Herrn und sagte: „Steh auf, nimm das Kind und seine Mutter und geh wieder nach Israel! Denn die, die dem Kind nach dem Leben trachteten, sind tot." Da stand Josef auf und kehrte mit dem Kind und dessen Mutter nach Israel zurück. Doch er fürchtete sich davor, nach Judäa zu ziehen, weil er hörte, dass dort als Nachfolger von Herodes

essen Sohn Archelaus regierte. Auf eine Weisung hin, die er im Traum erhielt,
ng er in das Gebiet von Galiläa. Dort ließ er sich in der Stadt Nazaret nieder.
uf diese Weise erfüllte sich, was durch die Propheten vorausgesagt worden
ar: Er sollte Nazarener genannt werden.

Matthäus 2,13-23

Jesus Christus – das Mensch gewordene Wort Gottes

Am Anfang war das Wort; das Wort war bei Gott, und das Wort war Gott. Der, der das Wort ist, war am Anfang bei Gott. Durch ihn ist alles entstanden; es gibt nichts, was ohne ihn entstanden ist. In ihm war das Leben, und dieses Leben war das Licht der Menschen. Das Licht leuchtet in der Finsternis, und die Finsternis hat es nicht auslöschen können.

Nun trat ein Mensch auf; er war von Gott gesandt und hieß Johannes. Er kam als Zeuge; sein Auftrag war es, als Zeuge auf das Licht hinzuweisen, damit durch ihn alle daran glauben. Er selbst war nicht das Licht; sein Auftrag war es, auf das Licht hinzuweisen. Der, auf den er hinwies, war das wahre Licht, das jeden Menschen erleuchtet – das Licht, das in die Welt kommen sollte. Er war in der Welt, aber die Welt, die durch ihn geschaffen war, erkannte ihn nicht. Er kam zu seinem Volk, aber sein Volk wollte nichts von ihm wissen. All denen jedoch, die ihn aufnahmen und an seinen Namen glaubten, gab er das Recht, Gottes Kinder zu werden. Sie wurden es weder aufgrund ihrer Abstammung noch durch menschliches Wollen, noch durch den Entschluss eines Mannes; sie sind aus Gott geboren worden. Er, der das Wort ist, wurde ein Mensch von Fleisch und Blut und lebte unter uns. Wir sahen seine Herrlichkeit, eine Herrlichkeit voller Gnade und Wahrheit, wie nur er als der einzige Sohn sie besitzt, er, der vom Vater kommt. Auf ihn wies Johannes die Menschen hin. „Er ist es!", rief er. „Von ihm habe ich gesagt: Der, der nach mir kommt, ist größer

ls ich, denn er war schon vor mir
a." Wir alle haben aus der Fülle
eines Reichtums Gnade und immer
eu Gnade empfangen. Denn durch
Mose wurde uns das Gesetz gege-
en, aber durch Jesus Christus sind
ie Gnade und die Wahrheit zu uns
ekommen. Niemand hat Gott je
esehen. Der einzige Sohn hat ihn
ns offenbart, er, der selbst Gott ist
nd an der Seite des Vaters sitzt.

Johannes 1,1-18

Das Wunder der Heiligen Nacht!

Impressum:

ISBN 978-2-608-23912-9 (Genfer Bibelgesellschaft)
ISBN 978-3-438-01305-7 (Deutsche Bibelgesellschaft)

© 2008 Genfer Bibelgesellschaft, Genf und Zürich
und Deutsche Bibelgesellschaft, Stuttgart

Gesamtgestaltung: Werbstudio 71a.de, Wuppertal
Quellennachweis der Fotos: Micha, Timo, David Platte,
71a.de, aboutpixel.de, fotolia.de, pixelio.de

Alle Texte sind nachzulesen unter:
www.ngü.info

Genfer Bibelgesellschaft

Deutsche Bibelgesellschaft